Melissa Fichtner

# Die zauberhafte Welt der Gedichte

story.one – Life is a story

1st edition 2023
© Melissa Fichtner

Production, design and conception:
story.one publishing - www.story.one
A brand of Storylution GmbH

All rights reserved, in particular that of public performance, transmission by radio and television and translation, including individual parts. No part of this work may be reproduced in any form (by photography, microfilm or other processes) or processed, duplicated or distributed using electronic systems without the written permission of the copyright holder. Despite careful editing, all information in this work is provided without guarantee. Any liability on the part of the authors or editors and the publisher is excluded.

Font set from Minion Pro, Lato and Merriweather.

© Cover photo: Photo by v2osk on Unsplash

© Photos: Created by Alice Fichtner

Nach einer Idee von: Melissa Fichtner fichtner.melissa@gmx.de

ISBN: 978-3-7108-5626-6

# Danksagung

Zu aller erst bedanke ich mich bei meinen Eltern, die mich für das Schreiben stehts inspirierten und mir immer beistanden. Außerdem danke ich meinen besten Freundinnen Emma und Ronja, die mich in jeder schlechten Zeit unterstützen und das tägliche Geschwafel von mir erdulden mussten. Am meisten bedanke ich mich bei meiner Schwester Alice, die mich jedes Mal dazu zwang nicht aufzugeben wenn ich danach war. Ohne sie, wäre ich schon lange nicht soweit gekommen. Ich bedanke mich dafür, dass sie ihre kostbare Zeit zum Lernen für mich geopfert hat, um Bilder für mich zu kreieren und natürlich dafür, dass sie mir jeden gemeinen Streich verziehen hat, den ich ihr gespielt habe.

## CONTENT

| | |
|---|---:|
| Der Regenbogen | 9 |
| Der Klimawandel | 13 |
| Engel auf Erden | 17 |
| Kriege | 21 |
| Die Welt des Paradieses | 25 |
| Mobbing sind nicht nur Worte | 29 |
| Die drei Brüder und das Ungeheuer | 33 |
| Die drei Brüder und das Ungeheuer Pt.2 | 37 |
| Die drei Brüder und das Ungeheuer Pt.3 | 41 |
| Die schwarze Fee | 45 |
| Die vier Jahreszeiten | 49 |
| Ps: Ich liebe dich | 53 |

Created by Allie
Quelle, Inspiration by: https://www.happycolorz.de/natur/regenbogen (letzter Zugriff: 15.08.2023)
Used App Procreate

# Der Regenbogen

Ich folge der Stimme von Mutter Natur,
In eine Welt ohne Zeit und Uhr.
Ich lasse mich treiben in ein grünes Land,
Und schließe mit ihr ein neues Band.

So weit das Auge reicht sind grüne Farbtupfern zu sehen,
Während gleichzeitig zarte Winde wehen.
Schäfchenwolken rennen über das blaue Himmelszelt,
Hinfort in eine neue Welt.

Umgeben von Kiefern, Ahorn und Eiche,
Geleite ich zu einem kleinen Teiche.
Er plätschert so leise und fröhlich vor sich hin,
Dass ich sofort verzaubert bin.

Sofort erklingen Amsel, Drossel und Star,
Ihr Gesang ist wirklich wunderbar.
Ein Reh schaut zu mir aus dem Dickicht hinaus,
Und ein Fuchs kuschelt mit einer Maus.

Freund und Feind sind vereint,
Und es kam mir, als ob die Sonne heller scheint.
Bunte Blumen wuchsen hier und dort,
Sogleich waren meine Sorgen fort.

Heute gibt es aber einen kleinen Unterschied,
Den man nur am Himmel sieht.
Er wurde aus sieben Farben geschmiedet,
Nun schaut, was die Natur euch bietet.

So schaue ich hoch aufs unendliche Himmelszelt
Und sehe das Bezauberndste auf dieser Welt.
Ich sehe unendliche Farben über das Blau tanzen,
Von rot bis lila, die aussehen wie manche Pflanzen.

Es treffen sich Sonnenschein und Regen,
Die gemeinsam über den Himmel fegen.
Der Pflanzendurst wird gestillt
Und oben bildet sich ein goldenes Bild:

Das blutige Rot trifft als Erstes ein,
Das Orange möchte direkt daneben sein.
Das Gelb erscheint in seiner vollen Pracht,
Danach das Grün, welches alle glücklich macht.

Das Blau erscheint mir wie in einer gewaltigen Welle,
Das Dunkelblau ist danach gleich zur Stelle.
Zum Schluss kommt das lila Veilchen,
Der Regenbogen bleibt noch für ein Weilchen.

Dann ist er fort
Und erscheint an einem anderen Ort.
Erneut in seiner vollen Pracht,
Damit er weitere Leute glücklich macht.

*„Was wir heute tun, entscheidet darüber, wie die Welt morgen aussieht."*

-Marie von Ebner-Eschenbach

# Der Klimawandel

Die Menschen sind ein großer Feind der Natur,
Sie beschleunigen das Ticken der Lebensuhr.
Bis sie still steht, bis sie nicht mehr tickt und sackt,
Und schließlich in sich selber einsackt.

Uns wurde das Leben in Frieden geschenkt,
Während jeder einzelne von uns sie ins Unheil lenkt.
Wir nahmen ihr alles bis auf den letzten Rest,
Bis sie sich nicht mehr retten lässt.

Mit so einem präzise gezielten Kopfschuss,
Geben wir Tieren wie Kälber den Todeskuss.
Wir nehmen das zu Hause von Tieren weg,
Lassen ihnen nicht mal einen winzigen Fleck.

Menschen leiden da draußen unter stetiger Armut,
Ertrinken in der täglichen, wachsenden Flut.
Sie kämpfen Tag für Tag mit leerem Magen,
Während wir uns den Bauch vollschlagen.

Abgeholzt wird Wald für Wald,
Das Ende ist nah, es kommt schon bald.
Ihr redet so viel davon, dass ihr die Welt retten wollt,
Aber ändert nichts, ihr macht nichts was ihr sollt.

Ihr setzt immer noch ein Komma, wo längst ein Punkt stehen sollte,
Und schiebt die Schuld auf jemanden, der es anscheinend so wollte.
Jeden Tag sterben Fische im Fluss,
Während ihr diskutiert, dass was geändert werden muss.

Wir sind doch die Bewohner, die auf der Erde leben,
Wir sind dazu bestimmt auf die Erde achtzugeben.
Wieder und wieder wird kein Finger gerührt,
Was uns schließlich erneut zum Ende führt.

Das Leben ist kein Wunschkonzert,
Und ist uns trotzdem so viel mehr wert.
Also warum tun wir nichts für unser Leben?
Indem wir der Gerechtigkeit entgegenstreben.

Denn wir leben nur einmal auf dieser Welt,
Ein Leben ist, nicht dass, was täglich vom Himmel fällt.
So reicht einander die friedliche Hand,
Erschafft ein neues Menschenband.

Wenn das nicht passiert sind wir in großer Not,
In einer gewaltigen Welle ohne Rettungsboot.
Das bitter süße Ende klopft dann an die Tür,
Und fordert des Menschen Gebühr.

So soll unsere Welt doch nicht enden,
Helft das Grauen zu wenden.
Für ein und alle Mal,
Denn wir haben keine Wahl!

# Engel auf Erden

Ein kleines Mädchen torkelte durch die Stadt,
Es war Nacht und die Straßen waren glatt.
Alles war weiß und kalt vor Schnee,
Was hätte sie nur getan für einen warmen Tee?

Sie klopfte an verschiedene Türen,
Doch niemand im Haus schien sich zu rühren.
Wenn sie doch nur in einem warmen Bett lag,
Nur für heute, nur für diesen Tag!

Sie lief weiter und weiter, bis der Morgen graute,
Komisch, wie sich immer noch niemand aus den Häusern traute.
Schließlich kam ihr ein Mann mit einem prächtigen Aussehen entgegen,
Es war der Bürgermeister namens Herr Haudegen.

Beim Vorbeigehen schaute er sie nur spöttisch an,
Er rief: „Wie kann man nur so jämmerlich arm

sein, oh Mann!"
Das Mädchen gab zu, sie sah vielleicht nicht so schön aus,
Und hatte weder Geld, gute Kleidung noch ein Haus.

„Ihr Menschen, oh Menschen seid verwöhnt und reich!
Wir sind nicht mal ansatzweise gleich!
Ihr mault herum, auch wenn ihr alles habt!
Ihr seid morgens, mittags und abends satt!

Ihr könnt immer machen, was ihr nur wollt!
Und das Wichtigste im Leben ist für euch stinknormales Gold!
Selbst der weichste Federsessel wird euch unbequem!
Dass müsst ihr euch doch selber eingestehen!

Was macht ihr hier nur auf dieser Erde, auf dieser Welt?
Ihr macht doch eh nur alles für mehr Geld!
Hauptsache euch gehts gut und ihr steht im Rampenlicht,
Der Rest interessiert euch nicht!"

Das Mädchen kletterte auf einen kleinen Hügel,

Auf ihrem Rücken bildeten sich zarte Engelsflügel.
Sie hob in den endlos wirkenden Himmel ab,
Und schaute ein letztes Mal auf die Erde herab.

Der Bürgermeister brachte kein einziges Wort heraus,
Und ging weiter, stur geradeaus.
Diese Worte prägten sich für immer in ihn ein,
Jetzt gerade wollte er nur zu Hause sein.

„Krieg ist wenn sich viele Menschen gegenseitig töten, die sich nicht kennen, weil zwei, die sich kennen, streiten."

-Pinterest

# Kriege

Die Erde bebt,
Gestalten zittern in tiefen Gräben.
Einst hat hier viel gelebt,
Bevor Macht und Gier regiert haben.

Einst spielten Kinder auf diesen Weiden,
So rein wie Wasser, so fröhlich und fein.
Nun ist die Luft verseucht von Leiden,
Wie konnten wir nur so Gefühlskalt sein?

Wo ist unsere Menschheit hin verschwunden?
Dieser Kampf hat keinen Sinn.
Er bringt nur Trauer und tiefe Wunden.
Hier gibt es kein Gewinn.

Mutter Natur schreit,
Zerstört ist das Land.
Das Ende ist nicht mehr weit,
So viel Blut klebt an unserer Hand!

Unschuldige Kinder werden frisch verwaist,
Tierkadaver schmücken den Grund.

Ihr wisst genau was das heißt,
Zerstört ist der Menschenbund.

Bomben gehen in die Luft,
Freund und Feind darunter vergraben.
Verweilen einsam und allein in einer Gruft,
Während sie unendliche Lasten tragen.

So geht es weiter und weiter,
Bis die Sonne für immer untergeht.
Bis alles zerstört ist, bis auf jeden einzelnen Reiter,
Und alles still ist und nie mehr ein Wind weht.

Ist das wirklich, was wir wollten?
Soll so das Ende sein?
Während wir auf die Erde aufpassen sollten,
Ist sie nun zerstört, angsterfüllt und allein!

Am Horizont ragen zwei Gestalten,
Beide kommen von unterschiedlichen Seiten.
Trotzdem gehen sie hinfort, indem sie die Hand des jeweiligen anderen halten,
Und sich gegenseitig durch die Schlacht hindurch geleiten.

Hinter sich hinterlassen sie einen Schleier des Lichts,

Mit Frieden entsteht alles erneut zum Leben.
Hass, Gier und Macht verschwindet im Nichts,
Während Freund und Feind sich die Hände heben.

Freund und Feind für immer vereint,
Der Menschenbund ist neu geknüpft und so rein,
Ein helles Licht das durch das Dunkel hin durchscheint,
Frieden herrscht, das Chaos ist zerstört, genau so soll es sein!

*„Mit Zufriedenheit im Herzen wird die Welt zum Paradies."*

*-Annette Andersen*

# Die Welt des Paradieses

Kommt ein Jungchen allein in der Nacht,
Mit Lumpen, Dreck, das ist keine Pracht.
Jede Nacht, er schreie sein Leid:
Wo ist der Retter der mich befreit?

Jeden Tag bin ich allein,
„Was würde ich geben daheim zu sein"?
Er läuft weiter, die Aussicht ganz klein,
„Was hätte ich gegeben für Brot und Wein"?

Er rieb seinen kalten Arm,
Doch er wurde nicht ansatzweise warm.
Er sah seinen Atem, in dieser Nacht,
„Gibt es hier denn nichts, was mich glücklich macht?"

Da kam ein Mädchen ins Dorf gerannt,
Mit Perlen und Gold an ihrem Gewand.
Sie schaute zum Jungchen und reichte ihre Hand,
Was für eine Freude der Junge gerade empfand.

„Folge mir, ich weise dir deinen Pfad",
Sagte sie zum Jungchen, mit einer Stimme, so zart.
Welch Goldspur das Mädchen hinter sich hinterließ,
Sie führte den Jungen in das Paradies.

Überall schwebte Truthahn und Fleisch,
Zum vorigem Leben kein Vergleich.
Limonade statt Wasser floss in einem Fluss,
Bäume trugen Äpfel aus Zuckerguss.

Schneeflocken aus feinstem Puderzucker schwebten umher,
Blätter aus Schokolade, das gefiel dem Jungen sehr.
Lebkuchenmänner ernteten Zuckerstangen,
Während Zuckerfeen eine zarte Melodie sangen.

Das Mädchen zeigte ihm einen großen Schokoladenbrunnen,
Und Zuckerwatten Bienen, die glücklich summen,
Ein Schokoladenhase graste fröhlich auf einer Weide,
Das Schokoladenfell war so zart wie Seide.

Häuser, gebaut aus Lebkuchen-Ziegelsteinen,
Hier gibt es keinen Grund zu weinen.
Alle Sorgen flatterten augenblicklich fort,
Zurück an jenen grausamen Ort.

So lebten Junge und Mädchen glücklich bis ans End',
Und genießen bis heute das Geschenk.

*„Auf der Suche nach einem besseren Ich habe ich mich selbst verloren."*

*-Melissa Fichtner*

# Mobbing sind nicht nur Worte

Und schon wieder saß ich in meinem schwarzen Loch,
Im Dunkeln, ganz allein.
Ein Klingeln ertönt, ich höre es doch!
Das konnte nur mein Handy sein.

Ich schaltete mein Handy an,
Nachrichten mitten in der Nacht?
Sofort bin ich unter seinem Bann,
Oh, hätte ich es bloß nicht angemacht!

Ich sehe, wie sie über mich schreiben, über mich lachen,
*Guckt, sie ist online, die blöde Kuh!*
Ich lese unendliche schreckliche Sachen:
*Geh sterben, lass uns in Ruh!*

*Du bist ein Nichts, wir brauchen dich nich'!*
*Du bist so hässlich! Du bist so mager!*
*Deine kackbraunen Haare sind widerlich!*
*Du bist ein wirklicher Versager!*

*Was machst du hier auf dieser Welt?*
*Du bist ein dreckiger Wicht!*
*Du bist alles andere als ein Held!*
*Wir brauchen dich hier nicht!*

Warum tun sie dass? Ich habe doch nichts gemacht?
Ich hörte mein Herz laut pochen,
Warum habe ich das verdient, warum werde ich ausgelacht?
Ich hatte doch nie etwas verbrochen!

Tränen rannen, das Display ging aus,
Eine tiefe Enge machte sich in mir breit.
Ich zog meine Schuhe aus und verließ das Haus,
Denn zur Brücke war's nicht mehr weit.

Tränen quollen, das alles war nicht fair!
Mein Herz schmerzte, es tut so weh!
Ich wusste, ich konnte nicht mehr.
Meine Seele glich einem toten Reh.

Die Brücke kam in Sicht,
Sie hatte einen tiefen Hang.
In mir verschwand jenes Licht,
Denn ich sprang.

Die Luft zischte um mich herum,
Gibt es wirklich niemanden, der sich um mich schert?
War mein Entschluss zu voreilig, war er dumm?
War es das wirklich wert?

Es war zu spät, ich spürte den Grund,
Meine Kleidung wurde nasser und nasser.
Doch ich wurde nicht wund,
Denn ich landete im sachten Wasser.

Ich hörte eine zarte Stimme im Wind:
„Das ist noch nicht das Ende mein Kind."

*„Was schreit stimmlos, flattert flüglos, beißt zahnlos und murmelt mundlos?"*

*-Der Hobbit*

# Die drei Brüder und das Ungeheuer

Es lebten einmal drei Brüder in einem fernen Land,
Sie wurden Friedrich, Leopold und Balthasar genannt.
Friedrich war der Älteste von allen,
Er ließ sich nichts gefallen:

„Sollen Mutter und Vater sich doch zu Tode schuften,
Mir ist es egal, ich will nach Geld duften!
Hauptsache habe ich Reichtum und Geld,
Davon kaufe ich mir schon die Welt."

Der mittlere Sohn hieß Leopold,
Das wichtigste für ihn war nur Gold.

„Sollen Mutter und Vater doch mehr arbeiten,
Dann hätt' ich mehr Gold und könnte alles leiten!
Sie verdienen nichts, als ein paar Groschen Geld,

Dabei ist Gold das wichtigste auf dieser Welt!"

Der Jüngste aus der Familie war Balthasar,
Er war immer für seine Eltern da.

„Sollen Mutter und Vater doch weniger tun,
Auch sie müssen mal ruhen.
Ersparen sollen sie ihr Leid,
Für sie wünsche ich mir viel Gesundheit!

Eines Tages kam der König in die kleine Stadt,
Er war aufgewühlt, bleich und schlapp:
„Ich weiß nicht mehr was zu tun, was zu machen,
Meine Tochter wurde entführt von einem Drachen!"

Im Dorf wurde es totenstill.
Da rief der König:
„Gibt es denn Jemand, der meine Tochter retten will?"

„Ich!", meldete sich Friedrich dann.
Ich werde den Drachen jagen, bis er nicht mehr kann!"
„Komm", sagte der König und nahm Friedrich fort,

Mit, zu dem Drachenwohnort.

Friedrich trat mit Schwert und Schild in die Höhle ein.
Ohne Wachen, ganz allein.
Plötzlich fragte jemand: „Wer ist da?"
Kein Zweifel das es der Drache war.

*„Was hat Wurzeln, die keiner sieht, ragt höher als Bäume und Wipfelsäume, wächst nie und treibt nicht und reicht doch ins Licht?"*

*-Der Hobbit*

# Die drei Brüder und das Ungeheuer Pt.2

Friedrich sagte: „Kämpfe gegen mich!"
Doch der Drache räusperte sich.
„Wenn du löst diesen Reim,
Dann ist die Prinzessin für ewig dein."

Friedrich stimmte schließlich zu.
„Was schreit stimmlos, flattert Flüglos, beißt zahnlos und murmelt mundlos?", sagte der Drache im Nu.

Friedrich überlegte aber ihm fiel keine Lösung ein.
Der Drache kam näher: „Nun bist du mein!
Friedrich flehte: „Bitte verschone mich!"
Doch der Drache verschonte ihn nicht.

Am nächsten Tag kam der König erneut in die Stadt,
Er war wieder müde und schlapp.
Dann sagte er zwar erschöpft aber schrill:
„Gibt es jemand, der meine Tochter retten will?"

„Ich", meldete sich Leopold kurzer Hand,
„Ich werde ihn vertreiben aus diesem Land!"
„Komm!", sagte der König und nahm Leopold fort,
Mit zu dem Drachenwohnort.

Nun trat Leopold mit Schwert und Schild in die Höhle ein,
Ohne Wachen, ganz allein.
Plötzlich fragte jemand: „Wer ist da?"
Kein Zweifel, dass es der Drache war.

Leopold sagte: „Kämpfe gegen mich!"
Doch der Drache räusperte sich.
„Wenn du löst den Reim,
Dann ist die Prinzessin dein."

Schließlich stimmte Leopold zu,
„Was schreit stimmlos, flattert flüglos, beißt zahnlos und murmelt mundlos?", sagte der Drache im Nu.

Auch Leopold überlegte, doch ihm fiel keine Lösung ein.
Lachend schrie der Drache: „Jetzt bist du mein!"
Flehend fiel Leopold auf die Knie: „Bitte verschone mich!"

Doch der Drache verschonte ihn nicht.

Am nächsten Tag kam der König nochmal,
Diesmal hatte Balthasar keine Wahl.
„Seit dem Tod meiner Brüder haben wir kaum Geld,
Das Wohl meiner Eltern ist mir das Wichtigste auf der Welt."

*Created by Allie*
*Quelle, Inspiration by https://www.google.com/url?*
*sa=i&url=https%3A%2F%2Fwww.pinterest.de%2Fpin%2F759701030871459704%2F&psig=AOvVaw1ACR6C*
*psuYwVd&ust=1692174135725000&source=images&cd=vfe&opi=89978449&ved=0CA4QjRxqFwoTCKDy14V*
*AAAAAdAAAAABAD (letzter Zugriff: 15.08.2023); https://www.123rf.com/photo_6100800_3d-rendered-flying-*
*isolated-on-white-background.html (letzter Zugriff: 15.08.2023)*
*Used App Procreate*

# Die drei Brüder und das Ungeheuer Pt.3

Mit einem Wort,
Brachte der König Balthasar fort,
Hin zu dem Drachenwohnort.

Balthasar aber, trat ohne Schwert und Schild in die Höhle ein,
Ohne Wachen ganz allein.
Aus dem dunklen fragte jemand: „Wer ist da?"
Kein Zweifel das es der Drache war.

Balthasar rief: „Was muss ich machen, dass sie Prinzessin ist mein?"
Der Drache antwortete: „Löse meinen Reim!"
Auch Balthasar stimmte zu,
„Was schreit stimmlos, flattert flüglos, beißt zahnlos und murmelt mundlos", sagte er im Nu.

Balthasar überlegte und ihm fiel die Lösung ein.
„Es ist der Wind", sagte er fein.
Erstaunt schaute der Drache ihn an,

„Das ist richtig", sagte er dann.

„Mal sehen, ob du wirklich so klug bist,
Ich gebe dir noch ein Rätsel das zu lösen ist."
Balthasar stimmte zögernd zu,
„Was hat Wurzeln, die keiner sieht, ragt höher als Bäume und Wipfelsäume, wächst nie und treibt nicht und reicht doch ins Licht?", sagte der Drache im Nu.

Balthasar überlegte und ihm fiel die Lösung ein.
„Es ist ein Berg", antwortete er fein.
Erstaunt schaute der Drache in ein zweites Mal an,
„Das ist wieder richtig", sagte er dann.

„Ich suche mir nun einen anderen Ort",
Sprach der Drache und flog fort.

Balthasar rettete das hübsche Mädchen,
Und brachte sie in das Städtchen.
Der König freute sich so sehr,
Dass er Balthasar Reichtum versprach und noch viel mehr.

„Ich brauch' kein Reichtum, jedoch liebe ich deine Tochter", sagte er im Nu.

„Du darfst sie zur Frau nehmen", stimmte der König zu.
Kurze Zeit danach veranstalteten sie eine Hochzeit,
Dabei versprachen sie sich den Eid.

Und wenn sie nicht gestoben sind,
Dann leben sie noch heute, mein Kind.

# Die schwarze Fee

Es war einmal eine kleine weiße Fee,
Sie lebte auf einem Baum, über dem glitzernden See.
Bei den Menschen verbrachte sie Tag und Nacht,
Während sie heimlich über diese wacht.

Gerade schaute sie zwei Kindern beim Spielen zu,
Doch die friedliche Situation änderte sich im Nu.
Sie stritten sich, das eine rann fort,
Das andere verweilte weinend am selben Ort.

Die Fee roch des Kindes dunkles Leid,
Und wusste sofort, jetzt war es wieder so weit.
Sie zückte ihren Zauberstab, den hübschen, frechen,
Und fing an die Zauberformel zu sprechen:

*Liebes zartes Kind,*
*Höre auf die Stimme im sachten Wind.*
*Liebes Kind auf Erden,*

*Sollst wieder glücklich werden.*
*Werde von der negativen Energie frei,*
*Damit du wieder heiter sei'st.*

    Das Kind weinte nun nicht mehr,
Die negative Energie schwebte um die Fee umher.
Auf Einmal drang sie in die Fee ein,
Nun war die Fee so grau, wie ein Stein.

    Eine Welle negativer Energie sammelte sich in ihr,
Plötzlich war sie traurig, neidisch und so wütend wie ein Stier.
Die nun graue Fee flog vom Baum fort,
Und ließ sich nieder, an einem anderen Ort.

    Erneut roch sie die negative Energie von einem Kind,
Sie sammelte sie ein, ganz geschwind.
Bis das Kind wieder glücklich lacht,
Augenblicklich färbte sich ihr Kleid schwarz wie die Nacht.

    Wut, Neid und Eifersucht wuchsen in ihr zu einer gewaltigen Welle,
Sie fühlte sich unterdrückt und gefangen wie in einer Zelle.

Das Gefühlschaos war viel zu stark,
Bis sie erschöpft auf dem Boden lag.

Nun lag sie allein auf dem sachten Grund,
Schwach, klein, gebrochen und wund.
*So also wird mein Ende sein*, dachte sie sich,
Doch das war es noch lange nicht.

Eine weiße Fee landete neben ihr,
*Sorge dich nicht, jetzt bin ich hier.*
Sie zückte ihren Zauberstab, rührte sich nicht vom Fleck
Und nahm der schwarzen Fee ein wenig Gefühlschaos weg.

Nun waren beide Gestalten grau wie ein Stein,
Aber konnten nicht glücklicher sein.
Das Mädchen bedankte sich breit,
Da sagte die andere Fee: *Geteiltes Leid, ist halbes Leid.*

*„Jede Jahreszeit ist der Anfang eines Wunders"*

*-Beat Jan*

# Die vier Jahreszeiten

„Hast du schonmal die Welt gesehen?", fragte die Mutter Rehkitz ihren jungen Sohn.
Das Junge antwortete: „Ich denke einmal schon."
„Und was hast du erblickt?", fragte seine Mutter.
„Da lag was Weißes auf dem Boden. Eigentlich war ich auf der Suche nach Futter."

Die Mutter lachte: „Das war Schnee."
„Was gibt es denn noch?", fragte das kleine Reh.

„Im Winter ist alles kalt und es gibt Schnee.
Eingefroren ist meist der See.
Abends heult der Wind laut und bitterkalt,
Doch diese Jahreszeit ändert sich dann bald.

Dann zieht der Frühling heran.
Er hat die ganze Natur unter seinem Bann.
Alles wird warm und taut auf.
Alles nimmt seinen eigenen Kreislauf."

„Dann freue ich mich auf den Frühling", sagt der Kleine.
„Auf der Welt gibt es eben nicht nur Gras und Steine.
Danach kommt der Sommer", setzte sie fort,
„Dann wird jede Natur zum wundervollsten Ort.

Bäume lassen Früchte entstehen,
Frösche lassen sich im Teich sehen.
Bäume lassen sich in allen Farben kleiden,
Und bunte Blumen wachsen auf weite Weiden.
Die Sonne strahlt Tag für Tag,
Ohne das ihr Licht verloren gehen mag."

„Dann freue ich mich auf den Sommer", sagte der Kleine erneut.
„Das glaube ich dir", meinte die Mutter erfreut.

„Danach kommt der Herbst", erklärte Mutter Reh geschwind,
„Draußen herrscht ein starker Wind.
Kinder lassen ihre Drachen steigen,
Und essen zu Hause lila Feigen."

„Dann freue ich mich auf den Herbst", sagte der Kleine wieder,
Und legte sich zu seiner Mutter nieder.

„Aber Mama, was kommt nach dem Herbst?", fragte das kleine Reh.
Mutter murmelte: „Dann kommt wieder der Winter, mit ihm der Schnee."
„Dann genieße ich den Winter", flüsterte der Kleine und schlief ein.
Dabei dachte er: *Nichts ist schöner als zu Hause zu sein.*

*„Liebe sieht nicht mit den Augen, sondern mit dem Herzen"*

*-William Shakespeare*

# Ps: Ich liebe dich

Vor mir liegt immer noch mein leeres Blatt,
Ohne eine Wölbung, matt und glatt.
Mit meinem Stift in der rechten Hand,
Starre ich nach vorne an die Wand.

*Wie soll ich dich beschreiben?* Mir fällt nichts ein.
Meine Liebe für dich ist schließlich geheim.
Wenn ich dir begegne, werde ich rot im Gesicht,
Ich kann dich nicht ansprechen, deswegen dieses Gedicht.

Als ich dich das erste Mal sah, klopfte mein Herz ganz laut,
Du hast es mir aus der Brust geklaut.
Und verzaubert hast du meinen Geist,
Das schlimme ist, ich weiß nicht mal wie du heißt.

Du hast Augen so blau wie das Meer,
Du weißt es zwar nicht, aber sie gefallen mir sehr.

Deine Haare so braun wie ein Bärenfell,
Wenn du lächelst, wird alles sofort hell.

Du hast Lippen, die sind so blutrot,
In einer Flut bist du mein Rettungsboot.
Wenn ich dich sehe, kitzeln Schmetterlinge in meinem Bauch,
Klar ist doch, dass ich dich brauch.

Wenn du mal nicht da bist,
Dann spüre ich, wie es mich innerlich aufrisst.
Denn du bist mein Herz und mein Leben,
Ohne dich würde es mich nicht geben.

Ich wünsche dir so viel im Leben,
Und kann dir nur diese Worte geben:

Schließe deine Augen und sei frei wie ein Schwan,
Spüre die Luft und flieg über den Ozean.
Sei mutig wie ein Tiger,
Denn er ist so stark wie ein Krieger.

Du sollst so zart wie eine Blume sein,
Aber manchmal auch so hart wie ein Stein.
Sei immer klug wie ein roter Fuchs,
Und so wachsam wie ein Luchs.

Sei so friedlich wie eine Kuh,
Liebe und noch viel mehr wünsche ich dir dazu.
Strahle deine Persönlichkeit wie eine Sonne aus,
Und versteck dich nicht hinter einem Blumenstrauß.

Gleich höre ich auf mit der Rederei,
Noch ein paar Zeilen und das Gedicht ist vorbei.
Eine Sache noch: Bleib immer herzlich,
PS: Ich liebe dich.

## MELISSA FICHTNER

Melissa Fichtner ist in Heilbronn geboren und besucht ein Gymnasium im Landkreis von Heilbronn. Schon im frühen Alter inspirierte sie sich für das Schreiben von Geschichten und Poesie. Sie lebt mit ihrer Familie und ihrem Hund Toffy in Heilbronner Landkreis.

Loved this book?
Why not write your own at story.one?

Let's go!